교인의 수준
목사의 수준

이재철 목사 메시지 시리즈

그간 이재철 목사가 전한 설교들 가운데 특별히 내면內面의 울림을 주고 시대時代의
어둠을 밝히는 설교를 따로 모아 엮어 갈 예정이다. 기존 출간된 그의 저서들에서
발췌하기도 하고, 외부 집회에서 전한 설교들 가운데서도 녹취해 담아 낸다.
휴대하기 편하게 손에 잡히는 판형으로, 언제 어디서나 가까이 두고 읽을 수
있도록 했다.

이재철 목사 메시지

교인의 수준
목사의 수준

이재철 지음

홍성사

일러두기

• 이 책은 2019년 3월 31일 한신교회(성남시 분당구) 주일 3부 예배에서 전한 설교를 녹취하여 텍스트에 대한 저자 검토 없이 편집팀의 교정·교열을 거쳐 펴낸 것입니다.

• 책 뒤표지의 QR코드를 통해 설교 내용을 영상으로도 볼 수 있습니다.

• 본문 사진 ⓒ한신교회

무리가 거기서 떠나 에브라임 산지 미가의 집에 이르니라
전에 라이스 땅을 정탐하러 갔던 다섯 사람이 그 형제들에게
말하여 이르되 이 집에 에봇과 드라빔과 새긴 신상과 부어
만든 신상이 있는 줄을 너희가 아느냐 그런즉 이제 너희는
마땅히 행할 것을 생각하라 하고 다섯 사람이 그 쪽으로
향하여 그 청년 레위 사람의 집 곧 미가의 집에 이르러 그에게
문안하고 단 자손 육백 명은 무기를 지니고 문 입구에 서니라
그 땅을 정탐하러 갔던 다섯 사람이 그리로 들어가서 새긴
신상과 에봇과 드라빔과 부어 만든 신상을 가져갈 때에
그 제사장은 무기를 지닌 육백 명과 함께 문 입구에 섰더니
그 다섯 사람이 미가의 집에 들어가서 그 새긴 신상과 에봇과
드라빔과 부어 만든 신상을 가지고 나오매 그 제사장이
그들에게 묻되 너희가 무엇을 하느냐 하니 그들이 그에게
이르되 잠잠하라 네 손을 입에 대라 우리와 함께 가서 우리의
아버지와 제사장이 되라 네가 한 사람의 집의 제사장이 되는
것과 이스라엘의 한 지파 한 족속의 제사장이 되는 것 중에서
어느 것이 낫겠느냐 하는지라 그 제사장이 마음에 기뻐하여
에봇과 드라빔과 새긴 우상을 받아 가지고 그 백성 가운데로
들어가니라

사사기 18장 13-20절

구약 사사시대의 특징은 모든 사람들이 저마다
"자기 소견에 옳은 대로" 살았다는 것입니다.
믿음은 하나님의 말씀대로 살기 위해서 하나님의
말씀이 자기 삶을 통해 인카네이션incarnation,
'육화肉化'될 수 있도록 하나님 말씀 앞에서 자기를
부인하는 것입니다. 그런데 자기 소견에 옳은 대로
사는 삶의 원천은 자기 욕망입니다. 자기 욕망에 따라
자기 소견에 옳은 대로 사는 것은, 결과적으로 하나님
앞에서 자기부인이 아니라 자기강화의 삶이었습니다.
그 대표적인 예가 사사기 17, 18장에도 기록되어
있습니다.

팔레스타인 중부 지역인 에브라임 산지에 미가라는
사람이 살았습니다. 그 미가라고 하는 사람 집에는
신당이 있었습니다. 신당 속에 어머니가 만들어 준
신상이 안치되어 있었습니다. 그 어머니도 미가도
이방인이나 이교도가 아니었습니다. 그들은
모두 하나님을 믿는, 하나님의 선민이라는
유대인들이었습니다. 그러니 그들이 만든 신상은
하나님을 형상화한 우상이었던 것입니다.

그뿐이 아니었습니다. 당시 제사장들이 공적으로
제사를 주관할 때 입는 옷을 '에봇'이라고 했습니다.
그것은 오늘날의 양복처럼 그저 예복일 뿐이었습니다.
그러나 기드온 시대 이후부터 제사장의 옷인 에봇이
신성시되어 경배의 대상이 되었습니다. 그 신당 안에는

에봇도 경배의 대상으로 걸려 있었습니다.

그뿐만이 아니었습니다. 당시 팔레스타인 사람들은
자기 집을 수호해 준다고 믿는 수호신 우상을 집집마다
하나씩 들고 있었습니다. 미가 집에도 있었습니다.
그래서 미가 집 신당에는 하나님의 우상, 신격화된
에봇, 그리고 자기 집을 지켜 준다고 믿는 수호신 우상
드라빔이 안치되어 있었고 그것이 경배의 대상이
되었습니다.

미가는 에브라임 지파입니다. 그러니 자기 아들도
두말할 것 없이 에브라임 지파입니다. 미가는 신당에
그런 신상들을 안치하고 자기 아들 중에 한 명을
거룩하게 구별해서 제사장을 삼았습니다. 그리고
제사를 드리게 했습니다.
미가가 매일 아들과 함께 신당에서, 자기 딴에는
하나님께 제사를 드린다고 드리지만 마음속으로는
미흡함을 느꼈던 것 같습니다.

어느 날, 그 집에 떠돌이 청년이 들르게 되었습니다.
그 떠돌이 청년은 마땅히 정착할 데가 없어
동가식서가숙東家食西家宿 하는 방랑 청년이었습니다.
이 청년을 만난 미가가 이런저런 얘기를 하다가
'어디 무슨 지파 출신이냐' 하고 물었습니다. 그러자
이 청년이 레위 지파 출신이라고 합니다. 그 말을 듣고
미가가 쾌재를 불렀습니다. 본래 제사장들은 레위

지파만 할 수 있었기 때문입니다.

그 즉석에서 미가가 이 레위 청년에게 제안을
했습니다. '내가 너에게 1년 밤낮으로, 1년 열두 달
내내 숙식을 제공하고, 연봉으로 은 열 냥을 주고
의복 한 벌을 주겠다.' 당시에는 의복이 재산이었습니다.
그래서 구약성경을 보면, 의복을 전당 잡히고 그러지
않습니까? '이렇게 너에게 대우해 줄 테니까 레위인인
네가 내 영적 아비가 되어 주고 우리 집 신당의
제사장이 되거라.'

미가는 그 청년이 레위인이라는 것만 확인했을 뿐,
그 레위 청년이 제사장 훈련을 거친 사람인지, 자격을
갖추고 있는지, 수준이 되는 사람인지 전혀 따지지
않았습니다. 요즘 말로 하면 외형 스펙만 보고
그 사람을 스카우트했습니다. 떠돌이 레위 청년에게는
그보다 더 좋은 제안이 있을 수 없었습니다.
그는 즉각 수락했습니다. 떠돌이에게 1년 연봉
은 열 냥, 숙식 제공에 옷 한 벌은 엄청난 것이었습니다.
그날로부터 이 레위 청년은 지성을 다해서 신당을
섬기면서 제사장과 미가의 영적 아비 역할을 했습니다.
지금 미가는 자기 심정으로는 우상을 섬기는 게
아닙니다. 하나님의 신상을 놓고 자기 딴에는 하나님을
경배하는 것입니다. 레위인 출신 제사장도 있고,
그 제사장이 제사를 주관합니다. 얼마나 흡족해하는지,
그 미가의 모습이 눈에 선하지 않습니까?

그런데 여러분 한번 생각해 보십시오. 십계명
제1계명은 "나 외에는 다른 신들을 네게 두지 말라"는
것입니다. 그런데 그 신당에는 에봇과 드라빔이
신격화되어서 경배의 대상이 되어 있습니다. 십계명
제1계명을 어긴 것입니다.

제2계명은 "너를 위하여 새긴 우상을 만들지 말라"
입니다. 이것은 너 자신을 위해서 하나님의 형상을
세상 무엇으로도 표현하지 말라는 것입니다(출 20:23).
시간과 공간을 초월하시는 영이신 하나님께서는 시간과
공간의 지배 속에 있는 어떤 물질로도 형상화될 수
없기 때문입니다. 그런데 그 신당 안에는 하나님을
형상화한 우상이 안치되어 있습니다. 그 젊은 제사장이
자기가 받는 연봉에 걸맞게 안식일마다 제사를 얼마나
지성으로 주관했겠습니까? 미가가 영적으로 얼마나
흡족했던지 혼자서 이렇게 말을 했습니다.
사사기 17장 13절의 증언입니다.

> **이에 미가가 이르되 레위인이 내 제사장이 되었으니**
> **이제 여호와께서 내게 복 주실 줄을 아노라 하니라**

여기에서 '안다'는 것은 '확신한다'는 것입니다.
'내가 제사를 드릴 때마다 하나님께서 내게 복을
주실 줄을 확신하노라.' 이것이 사실이겠습니까?
그 신당에서 미가가 그 제사장과 함께 제사를 드리고
자기 마음으로는 감동을 받고 복 받았다고 감사하면

할수록, 실은 그는 하나님과 점점 멀어지는 것입니다. 어떻게 미가가 그런 떠돌이 레위 청년을 자기 영적 아비로 삼고 자기 집 제사장을 삼을 수 있었겠습니까? 어떻게 그런 수준 미달의 청년을 제사장 삼고 그 제사에 참여하고 하나님의 복을 받는다고 믿을 수 있었겠습니까? 그것이 미가의 수준이었기 때문입니다. 미가의 수준이 그 수준에 상응하는 제사장을 섬기게 한 것입니다.

당시까지 이스라엘 열두 지파 가운데에 단 지파만 땅을 분배받지 못했습니다. 그래서 단 지파는 자기들이 '팔레스타인 가나안 땅 중에서 어느 지역에 정착할 수 있을까' 하고 땅을 탐지하기 위해서 다섯 명의 정탐꾼들을 북쪽으로 보내었습니다. 그 정탐꾼들이 북쪽으로 가다 보니 에브라임 산지를 지나게 되었습니다. 그 산지를 지나가다가 미가 집에 들르게 된 것입니다. 미가 집에 들러 밥 한 끼 얻어먹으면서 집을 둘러보는데, 그들 눈에 그 집에 있는 신당이 멋지게 보였습니다. 거기에 있는 신상이 대단한 예술작품처럼 보였나 봅니다. 게다가 그 청년 제사장이 아주 준수하게 생겼던 것 같습니다.

이 다섯 명의 정탐꾼들이 그 신당, 신당에 안치되어 있는 신상들 그리고 그 청년 제사장을 마음에 두었습니다. 그리고 북쪽 땅을 탐지하면서, 북쪽의 라이스 지역이 자기네 지파가 정착하기에 딱 알맞은

땅이라는 것을 발견했습니다. 정탐꾼들이 단 지파에게
가서 이것을 보고했습니다. 단 지파 상층부에서는
칼잡이 600명으로 특공대를 만들었습니다. 그리고
정탐꾼 다섯 명을 앞장세워서 이제 라이스 땅을
정벌하러 갔습니다.

정벌하러 가는 길에 또다시 에브라임 산지를 지나게
되었습니다. 그러자 다섯 명의 정탐꾼들이 자기네들이
기억해 두었던 미가의 집에 들어갔습니다. 그리고
아무하고도 상의하지 않고, 불문곡직不問曲直하고,
그 집 신당에 들어가서 하나님의 신상, 에봇, 드라빔을
들고 나왔습니다. 탈취, 도둑질한 것입니다.
그 광경을 그 집 신당의 청년 제사장이 봤습니다.
그 청년 제사장이 정탐꾼 다섯 명에게 '당신들, 이게
무슨 짓이냐'며 그 앞을 가로막고 제지했습니다. 그러자
즉석에서 단 지파 다섯 명의 정탐꾼들이 그 청년
제사장을 이렇게 스카우트했습니다.
오늘 본문 18장 19절입니다.

> 그들이 그에게 이르되 잠잠하라 네 손을 입에 대라
> 우리와 함께 가서 우리의 아버지와 제사장이 되라 네가
> 한 사람의 집의 제사장이 되는 것과 이스라엘의 한 지파
> 한 족속의 제사장이 되는 것 중에서 어느 것이 낫겠느냐
> 하는지라

'너 떠들지 마, 쉬잇! 너 가만히 한번 생각해 봐. 이 산골

조그만 마을에서 한 집안 제사장으로 평생 살래, 아니면
우리를 따라가서 이스라엘 열두 지파 가운데에 한 지파,
큰 지파의 제사장으로 살래?' 이렇게 스카우트를
한 것입니다. 그 청년의 반응이 이렇습니다.
18장 20절입니다.

> **그 제사장이 마음에 기뻐하여 에봇과 드라빔과 새긴
> 우상을 받아 가지고 그 백성 가운데로 들어가니라**

이 청년 제사장은 거절하지 않았습니다. 그 말을
듣는 즉시로 기뻐했습니다. 여러분, 이 정탐꾼들의
스카우트 제의 내용을 요즘 말로 바꾸어 표현하면 어떤
표현이겠습니까? '야, 너처럼 능력 있는 목사가 이런
소도시에서 이 작은 교회 하나? 나하고 가자. 서울 가서
큰 교회 목사 해. 그래서 큰일 해. 하나님 위해서 크게
선교 사업해.'
이 청년이 그 말을 듣자마자 기뻐했습니다. 그리고
단 지파가 방금 훔친 신상, 에봇, 드라빔을 자기가
받았습니다. 그것은 자기 소유물이 아닙니다. 그것은
미가의 소유물입니다. 그런데 그것을 자기가 받아
안고 단 지파를 따라갑니다. 조금 있다가 그 사실을
안 미가가 '무슨 짓들 하느냐'며 나와서 소리쳤지만,
칼잡이 600명 앞에서 어떻게 할 도리가 없었습니다.
이 청년은 지금까지 자기를 먹여 주고, 자기에게 은
열 냥을 주고, 옷을 주고, 자기를 제사장 삼아 준
미가에 대해서 최소한의 도덕도 윤리도 예의도 지키지

않았습니다. 그 스스로가 장물을 품에 품고 단 지파를
따라가는 인간이 되고 말았습니다.

18장 제일 마지막 구절(31절)을 보면, 이 레위 청년이
죽을 때까지 단 지파의 제사장으로 살았습니다.
여러분, 이 단 지파가 이 청년을 스카우트해 가서는
라이스 땅을 정복하고 거기에 신당을 더 크게 짓지
않았겠습니까? 거기에 미가의 집에서 훔친 신상을
모시고, 에봇을 모시고, 드라빔을 모시고, 거기에서
더 경건하게 제사드리지 않았겠습니까? 그 제사가
하나님을 위한 제사입니까? 아니었습니다.
헛짓이었습니다. 그런데 왜 단 지파가 그런 어리석은
짓을 하고, 무자격 청년 레위인을 데려다가 그가 죽을
때까지 그를 자신들의 영적 아비로 삼고 섬겼습니까?
그것이 단 지파의 수준이었습니다. 그때 그들의 수준에
맞는 제사장을 섬길 수밖에 없었습니다.

아시는 분은 아시겠습니다만, 성경을 죽 읽다 보면
성경에서 단 지파는 이후 실종되고 맙니다. 증발됩니다.
없어져 버립니다. 어디로 갔는지 아무도 모릅니다.
하나님의 말씀인 성경 속에서 한 지파, 단 지파가
송두리째 증발되어 버린 것은 결코 우연이 아닙니다.
그들의 수준이 초래한 당연한 결과였습니다.

그런데 여러분, 어떻습니까? 단 지파의 스카우트를
받은 뒤, 그동안 같이 생활했던 미가를 돌아보지도 않고

그 집의 신상을 가슴에 품고 단 지파를 따라가는 이
청년 레위 제사장, 떠돌이 생활을 하다가 미가 제의를
받고 그 집안의 제사장이 된 그 청년, 어디서 많이 본
친숙한 광경 아닙니까?

오늘날 한국 교회는 어느 교회든지 담임목사가
공석이 되기만 하면 제일 먼저 다른 교회 담임목사를
스카우트하려고 합니다. 다른 교회 목사를
스카우트하는데, 내가 지금 다니는 교회보다 교인 수가
더 많은, 외형이 더 큰 교회 목사는 올 리가 없지
않습니까. 그러니 내가 다니는 교회보다 사이즈가 조금
작은 교회 가운데서 능력이 있다고 생각되는 목사를
스카우트해 옵니다. 그러면 그 교회는 어떻게 됩니까?
하루아침에 담임목사를 뺏긴 그 교회는? 자기네들
교회보다 사이즈가 조금 작은 어느 교회 목사를 또
스카우트해 옵니다. 그러면 스카우트당한 교회는 또
스카우트를 해와야 합니다. 지금 한국 교회는 매일
어디서엔가 연쇄 담임목사 스카우트의 악순환이
계속되고 있습니다.

여러분, 담임목사가 공석이어서 타 교회 담임목사를
스카우트해 오자고 할 때, 그 기준이 무엇입니까? 지금
주일예배에 출석하는 교인 숫자가 줄어들지 않게 할
목사. 지금의 헌금이 감소되지 않게 할 목사. 그러면
본전이니 더 나아가서 지금보다 교회를 더 부흥하게
할 목사. 그래서 '설교 잘하는 목사를 스카우트하자'

그렇습니다.

여러분, 그런 기준으로 여러분들이 목사를
스카우트하면, 소위 CEO를 데려옵니다. 여러분들에게
목사로서 당부합니다. 목사는 CEO가 아닙니다.
설교는 잠시 공기를 진동시키고 사라집니다. 그것은
'말'입니다. 여러분, 성경을 보십시오. 성경의
90퍼센트 이상은 우리가 듣기 거북한 말씀입니다.
우리를 야단치시는 말씀입니다. 하나님께서 왜
우리에게 선지자를 보내어서, 예수님을 보내어서,
왜 당신의 말씀으로 우리를 야단치고 질책하십니까?
우리를 사랑하시기 때문에, 우리가 죄성에 빠져 죄
가운데서 쓰러져 가기 때문에, 우리가 살아 있는
동안에 단 1초도 허비하지 않고 바르게 우리의 인생을
건져 올릴 수 있도록 하기 위해 주님께서는 우리를
질타하십니다. 그것이 생명의 말씀입니다. 그런데 CEO
는 교인들이 들어야 될 '하나님의 말씀'이 아니라 '듣기
좋은 말'을 합니다. 듣기 좋은 말은 공기를 진동시키는
순간은 듣기 좋지만 여러분의 생을 절대로 변화시키지
못합니다.

하나님의 말씀은 우리에게 불편한 진실을 수반합니다.
우리의 혼과 관절과 영혼을 찔러 쪼갭니다. 우리의
양심을 칩니다. 가책을 느끼게 합니다. 그래서 내가
그릇된 삶을 버릴 때, 영적인 희열을 느끼게 해주는
것입니다. 그런데 많은 교회들이 담임목사가 공석일

때마다 CEO를 모셔 오려고 합니다.

여러분, 장로님께서 기도하실 때 예수님의 마음으로
교인들을 사랑하는 목사님을 보내 달라고 하셨습니다.
아무리 작은 교회 목사님이라도, 예수님을 사랑하는
마음으로 그 교회 교인들을 사랑하는 '소명인'이라면
그분이 다른 교회의 스카우트 제의를 받겠습니까?
저는 소명인이라면, 어떤 교회가 스카우트를 해도
받아들이지 않아야 마땅하다고 생각합니다.
자기 스스로 임기를 정한 목사라면 절대로 누구의
스카우트도 받아들이면 안 됩니다. 한 교회의 담임목사가
스카우트를 받아들였다? 그분은 직업인일 수는 있으나
소명인일 수는 없습니다.

여러분, 소위 한국 교회에서 부목사로 불리는
전임목사들이 '담임목사 청빙하는 광고 없나?' 살피고
이력서를 내는 것, 그것은 당연한 일 아닙니까?
부목사로 불리는 전임목사들도 기회가 닿으면
담임목사로 사역해 봐야 되지 않겠습니까?
그러나 교인이 많이 회집하든 적게 회집하든,
한 교회의 담임목사가 자기 교회보다 교인이 더 많이
모이는 교회의 청빙 언저리를 왔다 갔다 한다?
그는 결코 소명인일 수 없습니다. 그분이 아무리
능력이 검증되었다 할지라도 그런 분이 오면 CEO로서
여러분의 귀에 듣기 좋은 소리만 할 것입니다.

2000년 전 사도 바울은 안타까운 마음으로 고린도
교인들에게 이렇게 증언을 했습니다.
고린도후서 2장 17절입니다.

우리는 수많은 사람들처럼

바울은 지금 "우리"라는 주어와 "수많은 사람들"을
비교해서 설명합니다. "우리"가 누구입니까? 바울
자신을 포함해서 누가, 디모데처럼 좁은 길을 걷는
소수입니다. "수많은 사람들"은 누구입니까? 당시의
설교자들입니다. 요즘 말로 하면 목사들입니다. 바울은
"우리는 수많은 사람들〔설교자들〕처럼 하나님의 말씀을
혼잡하게 하지 아니하고 곧 순전함으로 하나님께 받은
것같이 하나님 앞에서와 그리스도 안에서 말하노라"
(고후 2:17)라고 합니다. '우리는 절대로 하나님 말씀을
혼잡하게 하지 않는다.' 이것이 바울의 말입니다.

무슨 말이겠습니까? 바울이 보건대, 당시 절대다수의
설교자들이 하나님의 말씀에 불순물을 집어넣은
것입니다. 교인들 듣기 좋게. '혼잡하게 하다'라고
번역된 헬라어 동사 '카펠류오καπηλεύω'는 '카펠로스
κάπηλος'라는 명사에서 파생된 동사인데, '카펠로스'는
'행상行商'을 뜻합니다. 2000년 전에는 크든 작든 간에
붙박이 점포를 가지고 있는 장사꾼은 불량품을 팔 수
없었습니다. 붙박이 점포를 가지고 있다는 것은 고객이
다 그 인근 주민들이라는 말입니다. 내가 내 가게에서

불량품을 판매하면 주민들이 오지 않으니까 그것은
망하는 첩경입니다.

행상들은 달랐습니다. 행상들은 오늘은 동쪽, 내일은
북쪽, 모레는 남쪽. 내가 한 번 방문한 그 조그만
마을에 내 생애 다시 올지 안 올지 알 수 없습니다.
그래서 행상들은 한 병의 포도주를 사서, 그 포도주에
물을 섞었습니다. 그리고 물을 섞은 것을 모르게 하기
위해서 다른 감미료를 집어넣었습니다. 그리고 그걸
팔았습니다. 바울은 지금 그 얘기를 하는 것입니다.

당시에 설교자들은 하나님의 바른 말씀을 선포하는
것이 아니라 자기의 유익을 구하기 위해 교인들의 귀에
듣기 좋게끔 불순물을 섞어 넣었습니다. 당의정糖衣錠을
치는 것입니다. 요즘 말로 하면 적극적 사고방식,
긍정의 힘, 이런 당의정을 치라는 것입니다. 여러분,
바울이 적극적인 사고방식을 할 줄 몰라서 목이
떨어져서 죽었습니까? 예수님께서 긍정의 힘을
갖고 계시지 않았기 때문에 십자가에 못 박혀
돌아가셨습니까? 아니지 않습니까? 하나님의 말씀을
삶으로 순종하기 위함이었습니다. 따라서 이제부터
한국 교회는 담임목사가 공석일 때에 가장 안이한
방식인 타 교회 담임목사를 스카우트하려는 악순환의
고리를 끊고 소명인을 찾아서 소명인을 키워야 합니다.

예수님께서 베드로와 안드레를 부르실 때에 이렇게

말씀하셨습니다. 마태복음 4장 19절입니다.

> **나를 따라오라 내가 너희를 사람을 낚는 어부가 되게
> 하리라**

예수님께서 당신의 제자를 부르실 때, 세팅이 끝난
예루살렘의 유대교 지도자들을 부르시지 않았습니다.
유대교 서기관들과 율법사들을 스카우트하시지
않았습니다. 예수님께서는 갈릴리의 배운 것 없는
베드로, 안드레, 그러나 하나님 앞에서 원석原石인
그들을 스카우트해 내셨습니다. 그리고 그들에게
이렇게 말씀하셨습니다. '내가 너희들을 지금부터
사람을 낚는 어부가 되게 하겠다.'
우리말 성경에는 '낚는다'는 동사가 기록되어 있지만
헬라어 원문에는 '낚다'라는 동사가 없습니다.
예수님께서는 이렇게 말씀하신 것입니다. '내가
너를 사람의 어부로 만들리라.' 그 부름받은 베드로,
안드레를 요즘에 적용시키면 누가 됩니까? 예수님께서
목사를 부르시면서, 예수님께서 장로를 부르시면서,
예수님께서 권사와 집사를 부르시면서, 예수님께서
그리스도인들을 부르시면서 '내가 너를 사람의 어부로
삼으리라' 하신 것입니다.

여러분, 왜 예수님께서는 '내가 너 나의 제자로 삼을게'
라고 말씀하시지 않았을까요? 하필이면 왜 '어부'라는
단어를 쓰셨겠습니까? 신학은 머리로 할 수 있습니다.

철학은 입으로 할 수 있습니다. 그러나 어부는 머리와
입으로 어부 노릇을 할 수 없습니다. 어부는 손과 발을
포함한 몸을 쓰지 않으면 안 됩니다.

2000년 전에 빈한하기 짝이 없던 갈릴리 빈민 어부들은
어떤 사람들이었습니까? 태어나서 죽을 때까지,
자기에게 부양된 가족에 대한 책임을 다하기 위해서
뼈가 으스러지기까지 그물을 던지고 고기를 잡는
숙명을 지닌 사람들입니다. 주님의 부르심을 받을 때,
베드로에게는 장모가 있었습니다. 그 처가집 속사정이
어떠했는지는 모르지만, 처가가 몰락해서 베드로는
처갓집 식구까지 먹여 살려야 했습니다. 다른 사람이
그물을 한 번 던지면 딸린 식구가 많은 베드로는 두 번
세 번을 던져야 했습니다. 그들에게 예수님께서
'이제부터 너희들은 사람의 어부가 되어야 한다'고 하신
것입니다. 이제 해석이 되십니까?
'이제까지는 너희에게 부양된 가족만을 위해서 뼈가
으스러지게 너희 자신을 주는 삶을 살았지만, 이제부터
너희들은 내 백성, 하나님의 백성 모두를 위해서 뼈가
으스러지기까지 너희 삶을 어부처럼 주는 사람이
되어야 한다.'
그 사람이 그리스도인이고 목사고 장로고 권사고
집사입니다.

오늘은 사순절 네 번째 주일입니다. 사순절은
우리를 위해서 십자가 고난을 당하신 주님을 기리는

절기입니다. 주님께서 십자가에서 어떻게 고난을
당하셨습니까? 우리를 살리시기 위해, 우리의 죗값을
대신 치르시기 위해 당신이 제물이 되지 않으셨습니까?
예수님께서는 당신의 뼈가 으스러지기까지 당신의 몸을
우리에게 주신 어부셨습니다. 그래서 너희들도 이렇게
살라는 것입니다.
여러분, 'CEO 직업인' 목사를 스카우트하는 것이
아니라 지금부터 원석인 '사람의 어부', '소명인'을
찾아서 인내하면서 키워야 됩니다.

저 자신의 경험을 말씀드리는 것을 양해해
주시기 바랍니다. 1988년도에 주님의교회가
개척되었습니다. 저는 초대 교역자입니다. 당시
저는 목사가 아니었습니다. 전도사였습니다. 저는
소위 말하는 교역자의 인턴 코스, 레지던트 코스라고
하는 전임전도사를 하지 못했습니다. 제 경력은
영락교회 교육전도사가 전부입니다. 그런데도 저와
함께 주님의교회를 시작했던 교인들은 전도사에
불과한 저를 교역자로 세우고 저를 전폭적으로 믿고
키워 주셨습니다. 그분들은 학력으로나 경력으로나
인품으로나 신앙 경륜으로나 모두 저보다 앞선
분들이었습니다. 그럼에도 불구하고 저를 믿고
인내하면서 키워 준 결과로 오늘 제가 여러분들 앞에
이런 모습으로 설 수 있고, 주님의교회 같은 교회가
오늘 이 땅에 존재할 수 있게 되었습니다.

제가 주님의교회를 목회하면서 제 임기를 10년으로
정했습니다. 처음부터 10년으로 정했는데 그 말을 믿는
교인들이 없었습니다. 떠나지 않기를 바라는 마음이 더
컸기 때문일 것입니다. 교인들이 7년, 8년째까지도
제가 그만둔다는 것을 믿지 않다가 8년이 지나면서
'이제 진짜 관두나 보다' 생각했습니다. 당회에 빨리
후임자를 결정해 달라고 했는데 당회가 후임자를
정하지 못해 임기 1년을 앞두고 제가 "지금 빨리
정하시지 않으면 안 됩니다. 정해 주십시오"라고
했더니, 당회에서 저한테 말씀하기를 '후보자를 천거해
주면 그 후보자 가운데에서 결정을 하겠다'고 했습니다.

제가 다섯 명의 후보자를 천거했습니다. 그때 제가 한
가지 조건을 걸었습니다. '주님의교회는 절대로 타 교회
현직 담임목사를 스카우트하지 않는다.' 그래서 제가
천거한 후보자 1번부터 4번은 유학 중인 젊은이,
선교사들이었습니다. 다섯 번째로 제가 후보명단에
올렸던 분이 당시 한국을 대표하는 대형교회
담임목사였습니다. 그 당시 현직 담임목사였습니다.
제가 당회에 "이분은 현직 담임목사이니 우선순위에서
제외입니다. 그러나 청빙 기간 동안에 만약 이분이
시무하는 교회를 사임하고 무임목사가 되면 그때는
이분도 청빙할 수 있습니다"라고 했습니다.

제가 그렇게 한 이유가 있습니다. 그분은 대형교회
목사님이었는데, 몇 차례 만나서 다과를 할 때마다

"하~ 나도 주님의교회 같은 교회를 목회했으면 참
좋겠다"라는 얘기를 하셨습니다. 그분은 농으로
하셨는지 모르겠지만, 저는 마음에 새겨 두었습니다.
그래서 혹 그분이 진짜 그 교회를 떠나면 그분을 후보에
넣어 달라고 하고 다섯 명을 내었는데, 청빙 초기에
그분이 정말 그 대형교회를 자진 사임하셨습니다.
무임목사가 되셨습니다. 그래서 주님의교회가
주님의교회보다 외형적으로 훨씬 더 큰 대형교회 출신
무임목사를 제 후임목사님으로 모시게 된 것입니다.

제가 창립 이후 20년 동안 미자립 교회였던 제네바
한인교회의 요청을 받고는 3년 동안 봉급의 60퍼센트만
받고 가족을 데려가지 못한 채 약속대로 그분들을
섬겼습니다. 3년 만에 그 교회가 재정적으로 자립이
되었습니다. 그래서 제 후임자는 가족과 함께 올 수
있게 되었습니다. 3년이 지나서 제가 그 교회를 떠날
때가 되자 저한테 자기를 후임자로 천거해 달라고
자천하는 목사들이 있었습니다. 다 한국에서 담임목사
하는 사람들이었습니다. 저는 그분들이 소명인으로
보이지 않았습니다. 그래서 제 후임자로는 주님의교회
부목사라 불리던 당시 전임목사님이 오셔서 제네바
한인교회 담임목사로 두 텀, 6년을 잘 시무했습니다.

작년(2018년)에 제가 은퇴한 100주년기념교회
제 후임자로는 저와 함께 100주년기념교회에서
동역하던 전임교역자 네 분이 공동담임목사로 세움을

받았습니다. 저는, 우리 100주년기념교회 교인들이
주님께서 그 네 분을 한국 교회 미래를 위한 기둥으로
키워 주실 것을 믿고, 그 네 분은 그들의 임기가 끝날
때까지 변치 않는 마음의 소명인으로 교회와 교인들을
위해서 자신들의 모든 삶을 드리는 교인들의 어부,
소명인으로 살아갈 것을 믿습니다.

사랑하는 한신교회 형제자매 여러분. 3대 담임목사
청빙을 앞두고, '중요한 시기이므로 와서 주일설교를
한 번 해달라'는 요청을 받고 이렇게 멀리까지 와서
단에 섰습니다. 관객들의 수준이 한 나라 영화의 수준을
결정합니다. 영화사와 감독들이 아무리 수준 높은
영화를 만들어도 관객들이 수준 높은 영화를 외면하면
그 나라 영화 수준은 하향평준화될 수밖에 없습니다.
똑같은 논리로 독자의 수준이 한 나라 출판의 수준을
결정합니다. 한신교회 교인, 형제자매 여러분들의
수준이 3대 담임목사의 수준을 결정합니다. 여러분이
세팅이 끝난 CEO가 아니라 하나님께서 어딘가에
예비해 두신 원석을 찾아서 함께 기도하며 그 원석을
키우시기를 결정한다면, 10년 후에 한신교회는 한국
교회 미래를 위한 이정표로 우뚝 서 있으리라 믿습니다.

주님,
주님의 몸 된 한신교회입니다.
주님께서 핏값으로 사신 한신교회입니다.
이 한신교회를 위해 주님께서 이미
원석인 소명인을 예비시켜 주신 줄로 믿고
감사합니다.

관계자들에게 지혜를 주셔서
주님께서 걸어가신 십자가의 길을
자기의 삶으로 보여 주는 소명인,
자기가 입으로 한 설교를 삶으로 입증하는 소명인,
모든 교인들을 위해서 어부로 살아가는 소명인을
잘 찾고, 모든 교인들이 합심해서
그 소명인을 키움으로 인해
한신교회가 미래 한국, 한민족 복음화를 위한
선두 주자가 되게 하여 주시옵소서.
예수님의 이름으로 기도드립니다.

아멘.

교인의 수준, 목사의 수준

What Makes a True Pastor?

지은이 이재철
펴낸곳 주식회사 홍성사
펴낸이 정애주
국효숙 김의연 김준표 박혜란 송승호 오민택 오형탁
이현주 임영주 주예경 차길환 최선경 허은

2019. 12. 2. 초판 인쇄   2019. 12. 6. 초판 발행

등록번호 제1-499호 1977. 8. 1.
주소 (04084) 서울시 마포구 양화진4길 3 전화 02) 333-5161 팩스 02) 333-5165
홈페이지 hongsungsa.com   이메일 hsbooks@hongsungsa.com
페이스북 facebook.com/hongsungsa   양화진책방 02) 333-5163

ISBN 978-89-365-1396-2 (04230)
ISBN 978-89-365-0547-9 (세트)